JN410493

평행선을 달리다

평행선을 달리다

초판 1쇄 인쇄 | 2012년 11월 25일
초판 1쇄 발행 | 2012년 11월 30일

지은이 | 김 하 은
발행인 | 윤 영 희
주 간 | 이 은 별

발행처 | 도서출판 동행
출판등록 | 제2-4991호
주 소 | 서울시 중구 을지로 3가 302-18 난빌딩 303호
전 화 | 02-338-2734, 2285-0711
팩 스 | 02-338-2722

정가 10,000원

ISBN 978-89-94227-60-3 03810

* 이 책은 안산시의 문예진흥기금을 받아 간행하였습니다.

평행선을 달리다

김하은 시집

동행

시인의 말

바람이 창가에 서성인다.
오늘은 무슨 말이 하고픈 걸까.

아가들의 천진스러운 웃음소리
싣고 왔을까.
연인들의 정겨운 눈빛도 한 가득
담아 왔나.
바람, 너의 날개를 활짝 펴서
외롭고 상처진 사람들을 품어 주었다는
그런 따듯한 이야기 들려다오.

네가 그렇게 꽃향기 풍기며 머물러 줄 때
나의 작은 창가는 그대로 시(詩)밭이 되다
별빛 받아 시 한 편 또 열린다.

2012년 가을
김하은

■ 축하의 글 ■

이 세상의 허물을 벗겨 주기를

고 훈

(시인 · 안산제일교회 담임목사)

우리는 지금 놀랍도록 하루마다 급변하는 속도 시대에 살고 있다. 속도보다 더 중요한 것은 목표다.

목표보다 더 소중한 것은 안전이다. 그러나 안전보다 더 소중한 것은 동행이다.

시인 김하은(본명 김윤자)의 시집 「평행선을 달리다」에서 흐르는 시간 크로노스(연대기 시간)를 그녀의 펜으로 붙잡아 카이로스(영감의 시간)로 창조하고 있다.

김하은 시인은 평생 제자교육과 신앙으로 인생의 평행선을 달려오신 분이다. 그녀의 신앙은 뿌리고 그녀의 교육은 그 열매다.

그녀의 문학은 두 평행선 속에서 꽃으로 피었다. 시는 수필과 비교할 수 없는 다른 장르이나 수필보다 더 깊은 에스프리가 있고, 시는 소설과 비교할 수 없는 다른 세계이나 소설보다 더 높은 진실의 세계다.

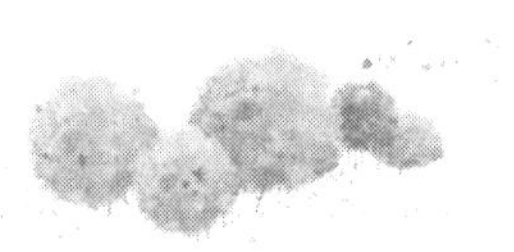

문학은 진실을 넘어 감동을 주고 감동을 넘어 구원을 가져오는 생명이 있어야 한다.

김하은 시인의 「평행선 그 위를 달린다」, 이 고백처럼 우리의 현실은 냉혹하다. 그럼에도 우리는 쉬지 않고 달려야 하는 실존이다.

때문에 그의 문학 속에는 우리 모두를 달리게 하는 말씀의 동력이 있다. 우리의 처진 삶에 생명을 주고 때로는 해갈을 주고 공감할 수 있는 쉼도 준다.

허물을 벗지 않는 뱀은 죽는다는 괴테의 말처럼 김하은 시인의 시들이 이 세상의 허물을 벗겨 주기를 기도하면서 부모의 심상과 스승의 가슴을 갖고 사는 이 땅의 모든 이에게 일독을 바라며 추천한다.

CONTENTS

고독

치 유

향기

열정

소망

1

고독

시간 속에서

강물 흘러간 그 끝 어디인지
거친 모래알 씻겨 내렸고
아픔도 물결 타고 흘렀는데
뒤돌아볼 무엇이 있어
아스라이 먼 강줄기를
좇는 것인가
바람 불어와
우리 삶에 쌓인 흔적
헤집기 전
망각의 배 띄운다

홀로 남겨질 때

잔치는 끝났다
휘황했던 조명도 어둠에 파묻히고
젊음을 토하던 이들 흩어진 연회장에
아직 덜 식은 열기
그건 늦여름 바닷가에 널브러진
빈 조개껍데기다

흔적 남기고 떠나버린 생명,
더러는 파도에 씻겨가고
아낙네들 바구니를 채워 주기도 했을 것
모래바닥에 뒹굴고 있는 껍데기 속에
야윈 노년이 보이는데

피아노가 고별송을 알릴지라도
밤새워 반복, 반복 연주
꺼져 가는 불씨 당기고
우리, 잔치를 이어 갈거나

비

잿빛 하늘을 이고 빗줄기 아래서
그녀가 떨고 있네
맨발로 달려나가 커다란 우산 받쳐 줄까
젖은 손, 깍지 끼고 거세게 쏟아지는
저 비를 함께 맞을까
네 설움 머리카락 적시고 온몸에 흘러도
아직은 한마디 위로 전할 수 없네
빗속을 헤매다가 그 아픔
빗물에 섞여 흐려질 때엔
차 한 잔 나누세
따듯한 엽차 한 잔으로
목에 걸린 서러움 삼켜나 보세

지금은 비 오는 중

여정(旅程)

시소 놀이를 한다

지나간 기쁨의 무게 견주며
올라가고 내려오고
아픔도 그리움도
올라갔다, 내려갔다

염려하며
기대하며
반복되는 엇갈림

살아가는 건
오르락내리락 시소 놀이
끝날 줄 모른다

광야(廣野)에서

먹구름 뒤덮인 대지에
나목(裸木) 홀로 남았다

빛바랜 이정표는
회오리바람에 파묻히고
땅 끝에선 찬 울음소리
맴돌다 흩어지는데
건너야 할 들판은
아득히 멀다

결승선이 어디일까
숨가쁜 우리들 경주에
동행하는 바람
겨울, 그 광야에 섰다

외면

문 밖에 서서 두드리는 소리
은밀한 그 이야기 들리는가

―문을 여는 자여
더불어 먹겠다
보좌에 함께 앉겠다

귀한 약속 주셨지만
그대 외면하고
문 열지 않았지

두드리던 소리
빗속에 잠겼네
가슴 짓찧네

양미리

석양 무렵 어시장은 노을빛 바다

가늘고 긴 몸통
지느러미도 없는 그 놈
은백색 배에서 먼 바닷소리 출렁인다

−줄줄이 육남매 둘러앉은 밥상에
고기 대신 한 마리씩 얹어 주던 작은 물고기
두툼한 어머니 손에 쥐어져 멸치이거니 했던 것

때늦은 저녁
성긴 석쇠에 양미리를 굽는다
벌겋게 달아오른 숯불에
동해, 비린 내음 쏟아내며 너울 춤춘다
갈색 그리움을 토한다

평행선을 달리다

언덕에 오른다
길게 뻗은 신작로를 화폭삼아
채색을 한다
잊혀진 시간은 되살아 나고
가슴 밑바닥에 자리하던 소중한 것들
점점 선명하다

잡초 사이를 스치는 바람
거칠고 둔탁한 작은 돌멩이까지
숨 고르기 여전한데
그 때의 경이로움
빛남은 어디 갔을까

해묵은 나무들 하품 소리
질주하는 자동차 소음에
다 못 그린 그림을 접고
어제의 흔적들이 겹쳐 이어진
두 개의 선,
평행선 그 위를 달린다

꽃샘

보리차 끓는 내음 담장을 넘고
갓난아이 어우르는 부부 콧노래
골목 가득 메웠던 집
지난겨울 그 집은 따듯했네
어인 일인가 천국을 시샘하는 이
아이 고운 숨결 멈추게 하고
사방을 둘러싼 검은 그림자
그들의 노래를 앗아갔네
무심한 봄바람 꽃망울 움틔워도
흩날리는 잔설 창문에 부딪혀
눈물로 내리네
지독한 꽃샘이네

폴라로이드

하늘이 머리를 누르던 날
부엌에서 일하는 어머니를 렌즈에 담았다
세월의 무게가 얼마큼이나 실렸을까
기다리지 않아도 돼
마음 졸이지 않아도
곧바로 '쑤욱' 한 장 떨어지는 걸

젖은 손에서 그릇 닦은 구정물이 튄다
그러나 여신 닮은 그녀의 당당함
폴라로이드는 그렇게 첫 번째 과업을 마쳤다

내 안의 나를 찾고 싶다
누구인가에게 얼마나 많은 손짓을 했는지
셔터를 누른다
수수께끼를 모아 놓은
내 가슴이 찍힌다

배 웅

자작나무 숲에 해 지면
다람쥐가 남긴 도토리
저들끼리 뒹굴고
나뭇가지 끝에 매달린 구름 한 조각
석별이 아쉽다

지난여름 뜨거웠던 열기를
온몸으로 삭히는
마른 나뭇잎들 유희가 시작되었다
우리들이 즐겨 탔던 욕망의 전차는
제 그림자 물고 떠날 채비를 한다

–멀리 보내기
–손짓 없이 보내기

어느새
빈자리에 새바람 인다

능소화

오늘 오시려나
길게 뻗은 그녀 목
담장 넘어 걸렸다

소슬바람 한 자락에
삼태기된 귓바퀴
붉게 타올라
온 하늘 물들여도

홀로 타는 가슴
수천 날이 흘러라

갯벌

버려야 할 것
선재섬 앞바다에
모두 던졌다

물때만 잘 알았던들
아픈 흠집 그냥 드러낸
갯벌을 보았으랴
물살 빠져 나가면
말갛게 치유될
내 속살

남겨야 할 것
검푸른 파도에 안겨
잠잠히 낙조(落照)에 물든다

송년(送年)

바람, 문 앞에 누웠다
휘몰아쳐 온 길마다 마른 나뭇가지 널브러지고
벌거벗은 나무껍질은 어미의 아픈 눈물인가

해 그림자의 긴 꼬리 물고 서둘러 달려온 노을
지난시간 일었던 거친 풍랑에 분노하지 않는다
그저 담담히 침묵하며 붉게 타오른다

초원의 빛이여
꽃의 영광이여
다시는 그 시절 돌이킬 수 없다 해도
아쉬움 접고
움켜잡은 네 옷자락 놓아줄 수밖에

* 초원의 빛이여 꽃의 영광이여 다시는 그 시절 돌이킬 수 없다 해도(윌리엄 워즈워드의 시 중에서 인용)

가시 박히다

서산 허리에
노을꽃 핀다
붉디붉은 꽃

한 발 두 발 다가와
가슴에 닿으면
어느 틈엔가
보드랍던 꽃 이파리 가시 돋아
온몸 휘젓고
아픈 밤은 깊어 가는데

가시 박힌 노을꽃
칠흑 밤바다에 가라앉았다

2
치유

매듭 | 전환점 | 낙과(落果) | 달음질 | 겸손 | 제8요일 | 환상(幻想) | 고별 여행 | 음악에 | 여명(黎明) | 어떤 풍경 | 상처 | 바람은 | 도우심을 입어 | 간이역

매듭

그물을 던진다
오랜 시간 촘촘히 엮은 시간들이
먼 지평선에 포물선 그리다가
얼어붙은 수면에 주저앉는다
입술 다문 바다
겨울 바다는 그를 닮았다

지난여름
물거품 밀려오던 백사장
모래 알알이
철새는 생명을 남겼는데
가슴에 고인 응어리들

해가 곤두박질하기 전에
얼크러진 매듭
저만치에 밀어 놓은 채
고운 실타래
그대 목에 걸어 드릴까

전환점

포장상자를 쉽게 풀지 못했어
몇 번이나 애쓰다가 기어코 상자를 열었지
별거 아닌 것들이었어
누구나 소중한 무엇을 기다리는 것 아닐까
앞만 보고 달려왔어
찾고 싶은 게 없네
우리 돌이킬 때가 되었어
그냥 스쳤던 길 모퉁이에
혹 숨겨 있을지 모를 것
꽁꽁 옭매인 채
주인을 기다리며 애태울 그것 위해
이제 방향을 돌리자

낙과(落果)

한여름내 실하게 여물더니
볼라벤, 날카로운 손톱에 할퀴어
낙과로 누웠는가

고열로 토하는 신음 소리, 하늘 찢고
상처투성이 몸에는 혈흔 가득해도
흙 속에 스며든 눈물 거름되어
생명 뿌리 쉼 없이 뻗어가는 너

내년 이맘때
무성한 나뭇잎에 튼실한 네 열매
주렁주렁 달리고
농익은 사과 향기 바람 타고 실려 오면
코끝 시려 우리는 또 울리

* 볼라벤 : 2012년 9월 한반도 서해안을 휩쓴 초속 50m 이상의 태풍

달음질

출발신호 뒤로 하고 바람 가른다
양어깨에 돋은 날개 펄럭이며
푸른 하늘로 비상하면
온몸 근육은 불끈거리고
거친 심장 박동소리
우리 모두 사투(死鬪)의 시작이다

숨이 턱까지 차올라도
주저앉지 말아야지
뒤돌아보지 말고 앞만 보고 달려야지
설령 넘어진다고 해도
손 내밀며 일으켜 주는 부드러운 그 음성

—넌 할 수 있어
이길 수 있어
벌떡 일어나 계속 달려라
네 분량이 아직 남았음이야

겸손

무성한 나무 곁에 지낼 때
가늘고 여윈 가지 부끄러웠습니다
왜 저를 작은 나무로 만드셨나요

볼품없는 내 모습 바꿔 달라며
엎드려 구하며 눈물질 때마다
어루만지는 손길
—네 몸엔 작고 예쁜 열매 있잖니

한참 후에야
비로소 작은 것 크게 쓰심을 알았습니다
그것이 겸손인 것도

제8요일

방, 사방이 가로막힌 벽
깊은 어둠에서 열병을 앓네

갈매기도 날지 않는 네모 방은
정적에 싸인 바다
바닷물이 점점 밀려들어 와
거기 가라앉는 환각에 잠기네

생명선 놓지 않으려
발버둥치다가 다다른 곳
끝없는 백사장에 누워
구름 저편 먼 하늘을 보네

한 줄기 빛이 깃발로 펄럭이는
아, 제8요일
비로소 자유의 들판을 걷네

환상(幻想)

어디쯤에서 출발했을까
머리털 휘날리던 흑마의 모습이
녹슨 철로 위에 당당하게 포개진다
그래, 그것은 철마였어
몇 십 몇 년 전
길게 이어진 이 철길 위로
얼마나 많은 사연들이 날개 달고 달렸을까

―그리운 이 만나던 설레임
―긴 작별의 흐느낌
  색깔과 무늬는 달라도
  그건 제각기 힘찬 행진이었지

끊어진 철길에 선다
김장 고추 말리는 아낙네 옆으로
다 낡은 자전거 나뒹굴고
돋보기를 코 아래 걸친 노인이
때 지난 잡지를 뒤적이는 여름 한낮

공존할 아무것도 남지 않아
썰물로 씻겨 내린 시간의 강
그 깊은 환상 속을 헤맨다

고별 여행

터널을 지난다
끝이 보이지 않는 아득히 먼 곳

한 줄기 빛 속으로 빨려간다
타원형의 투명한 벽을 타고
피어오르는 안개꽃
망각의 구름다리, 그 사이로
스러져가는 낯선 얼굴들
뒷걸음치며 멀어지는
그림자가 섧다

초가을 볕에도 몸살 앓는
고속도로에서
우리 사이에 쌓여 있는 흔적들
조금씩 허물어진다
우리, 고별의 시작이다

음악에

너는 초원의 빛
부드럽게 속삭이며
온 숲을 덮는다

깊은 어둠을 달릴 때
한 가닥 미세한 소리는
생명의 바람인가

새들 날갯짓
누운 풀잎의 파도타기
오롯이 펼쳐지는데

쉼 없는 빗줄기,
장엄한 연주에
대지가 흠뻑 젖는다

여명(黎明)

태초에
땅 속 깊이 숨겨 둔
너는 비밀이었다

검푸른 파도 스러져 침묵하는데
억만 겹 세월에 깎인 바위 사이로
어둠 밀려가는 소리

모래바람 사나운 황량한 벌판
험한 산골짜기에서
호흡 있는 자들과의 약속
그 현란한 빛은 쇠잔함 없다
너는 생명선이다

어떤 풍경

—매주 화요일 알뜰시장 개장—
나뭇가지에 걸쳐놓은 현수막이 벌써 세 주째
비에 젖고 있다
몇 시간 좌판 벌이다가 또 접을 것인가
생선장수들 하늘만 본다
쬐끄만 아파트 주민들 지폐 서너 장 쥐고 와
여기 기웃 저기 기웃 심드렁하다
저녁 밥상에 올라 제 맛 보이려던 갈치며 고등어들,
어느새 축축 늘어지고 구경하는 애기 엄마 브라우스
똑같이 후줄근해진다

—자 싱싱한 갈치가 왔어요 만 원짜리가 단돈 오천 원—
길게 꼬리를 끄는 쉰 소리, 무겁게 가라앉는 관리소
지붕 위로 한달음에 내려오는 하늘
큰길 건너 새로 지은 마트에서 울려대는 홍보용
최신 가요, 온 동네를 덮는다

상처

잊었는데
다 잊고 있었는데
갑자기 벌집을 쑤셔 놓는 것
흘려버리려는 일들이
더 진한 영상으로 뜬다
그는 소염제를 사러 갔는가
덧난 살 거죽 아물어도
가슴 한편에
커다란 흠집
그냥 남을 것을

바람은

해질녘 바닷가에서
그 애를 만났네, 작은 돌멩이
바람은 그 애 체온에 녹아들어
지친 몸 맡기고 깊은 잠에 빠지네

한낮, 지평선에서 펼쳤던 멋진 유희와
솔잎과 나눈 흥겨웠던 이야기
칠흑 바다에 모두 던졌네
하얀 모래 벌판에 평안이 가득 찼네

아침 햇살이 쏟아지네
어제의 고달픔 잊었는가
또다시 꿈꾸는 비상(飛翔)
접었던 날개 활짝 펴는
너, 머물 수 없는 바람이여
네 자유함이여

도우심을 입어

숨결 불어 하루가 이토록 생생한 것
한숨 삭여 빛으로 살아가는 것
그 분의 도우심입니다

정월 초하루에 떠나
오월 초하루 이르기까지
바벨론에서 예루살렘까지 거칠고 먼 길을
선한 손의 도우심 입었습니다

왕께 구한 것 다 받는 선지자
그의 등뒤에 계신 이
광채가 아름답습니다
그 눈부심 속에
영원으로 통하는 길목 보입니다

간이역

긴 꼬리 물고
숨 가빠 달려 왔네
해 그림자 서산마루 드리울 때
아무도 몰래 이름 없는 역에 내려
버거운 짐들일랑 훌훌 벗어 놓고
한 숨 쉬어나 갈까
빛바랜 이정표
졸고 있는 낯선 역에
여름밤이 서둘러 오네

3

향기

메주꽃 | 빙경(氷鏡) | '없음'에 대하여 | 시인과 구름 | 최고의 선물 | 아가야 | 구름다리 단상(斷想) | 넘치도록 | 벌교 스케치 | 놀소리 | 황토 십리 | 메밀국수집 | 신일월에 | 젊은 엄마들이여 | 어느 소런사의 송가

메주꽃

누가 꽃이라 불렀나
온몸 휘돌아 흐르던 생기
맑고 깊은 샘물로 고여
하얀 솜털 송이송이 열렸네
볼품없는 몸뚱이 시렁에 매달려
먼 하늘로 날개 휘젓는 꿈꿨을 터
찬바람 무서리 견디고
기어이 꽃 피운 기쁨
남다른 향으로
그윽한 맛으로
감춰진 속살 드러낼 때
너는 참 귀한 꽃이 되리

* 메주꽃 : 메주가 간장과 된장으로 분리될 때 생기는 곰팡이를 말함

빙경(氷鏡)

도시는 뿌연 안개에 가린 채
오염되어 있다
손짓 몸짓 다해도
그들의 바벨탑엔 언어가 사라졌고
저마다 그려놓은 자화상은
눈 코 입이 빠졌다
순수는 어디 갔나
정직한 양심 보이질 않아
차가운 거리를 이리저리 헤맨다
문득 빈 가지에 걸린 달 하나
가슴 가득 차 온다
시리도록 투명한 너
녹아 흩어짐 없는 빙경(氷鏡)으로 남아라
깊은 수면 위 고드름으로 맑게 피어라

‘없음’에 대하여

재물 없고
학벌도 없어요
건강, 가족 물론 없어요
죄와 근심
꼬리처럼 붙어 다니는 질병마저
어디로 숨어 버렸나 봐요

그럼 있는 것 뭐냐고
사람들은 물어요
온몸 휘도는 평안의 강물은
어찌 된 거냐고요

있어야 할 것 하나도 없는
그러나 비밀한 이 기쁨
아무도 모르죠
‘없음’ 뒤에 가려져 있는
그건 뭘까요

－죄에 가림을 받는 자는
복 있을진저

시인과 구름

구름 한 조각에
외로움 싣고

주인 없는 빈 방에서 잠시 쉬다가
향기만 남긴 채
돌아가던 이

싸리꽃 핀 언덕에 누워
마지막 하늘을 바라보면서
하루만의 위안을 만끽하던 분

빈 손 들고 온 이생이었으나
열정과 고독이 낳은 노래는
난실리 온 마을에 꽃으로 피고
바람이며 구름되었다

지금도 어디에서
베레모에 파이프 물고 불쑥 나타나
호탕하게 시 한 수 읊어주실 듯도 하건만
한 조각 구름이 된 시인은
편운동산에서 홀로 자유로워라

* 난실리 : 경기도 안성시 조병화 시인의 고향, 시인의 문학관이 있으며 정부에서 문화마을로 지정하였음

최고의 선물

주인님
가장 귀한 것으로
세상에 둘도 없는 선물
제게 주세요

—얘야
네게 줄 선물, 진작 마련해 놓았단다

남들 부러워하는 명예가 아니라면
흔한 명품 하나쯤 안 될까요

—얘야 넌 지금 살아 있는 게 분명하지

그럼요 맥박이 이렇게 뛰고 있는 걸요

—그럼 네 등뒤에서 서성대는
고통 주머니를 가슴에 품어라

싫습니다 전 힘든 것 정녕 싫어요

—피할 길을 잊었느냐
감당하렴아

그리고 두 손 벌려라
네가 밟고 선 그림자
그 안에 숨겨 있는 보물
바로 네 것이니라

아가야

창문 열면
귓가를 간질이는
꽃들의 합창
엄마의 자장노래야

바람 한 자락에
느티나무 연녹색 이파리
한들거리고
뜰에 가득한 진달래 향기는
엄마 젖 냄새일까

네 첫 걸음마에
기쁨은 강물되었고
재잘대는 소리에
움츠렸던 가슴, 바다가 되었어

아가야
창밖을 보렴
싱그러운 나뭇잎들 춤 잔치 한창이지
우리도 고운 풍선을 띄우자
저 높은 하늘로 꿈을 날리자
오, 즐거운 우리들의 날

구름다리 단상(斷想)

어둠 속에 무지개 섰다
회색 벽 이쪽에서
희끄무레한 저 건너편
개나리 울타리일까
흐드러지게 핀
담녹색 꽃 댑싸리일까

흐느적거리는 도시 구석마다
미련을 버리지 못한 채
발광하는 욕망의 작은 불씨
타는 소리, 소리들이 싫다
승화의 계단을 밟고 구름다리에 올라
한줌 남은 재 허공에 뿌리면
아, 끝없이 펼쳐지는 순백 세계
밤이 익는다

넘치도록

내 대신 짐 져 주시느라
당신 고난 이렇듯 넘치고
여리고 어리석은 우리 위해
당신 위로 번져오면
그때서야 곁에 계신 당신을 느껴요

우리 수고 모르시면 어쩌나
허기진 아픔 외면하시진 않을까
염려와 근심으로 하루가 지나요

얼마나 더 있어야
강물로 흐르는 그 은혜를 알리오
어둠 속에서 손잡아 이끄시며
오늘도 함께 하시는 이
기쁨이신 이여
눈물이신 이여

벌교 스케치

꼬막, 너
개흙에 누워 삼 년을 별렀다며
거무튀튀한 네 얼굴
울퉁불퉁한 살갗에
웬 단장이 그리 길었나
흙물로 흥건한 벌교 읍내가
네 비릿한 냄새로 가득 찼다
자줏빛 속살 곱씹으며 입 안 가득 퍼지는
갯내에 취한다
그런데 울컥, 역류하는 이 서러움은 무얼까

꼬막
겨울이 네 껍질에 노크하는 소리 들리지
줄무늬들을 더 깊게 새겨 봐

놀소리

종일토록 울려 퍼지는
천사들 합창

고운 숨 내쉴 때 도미솔
또다시 들이쉴 땐 도파라

믿음 없는 어른들 듣지 못해요
사랑 없는 어른들도 듣지 못해요

장미꽃 봉오리 터지는 소리
젖 향기 물씬한 축복의 동산

황토 십리

새벽 바람 안고
참나무 숲 기지개 켜면
간밤 지샌 이들
줄지어 밟는 황톳길
풀잎에 연 이슬
꽃무리들 속삭임
그대가 아니라도
향기롭거늘
눈빛 고운 이 함께 걷는
십리 길
황금 융단이여

메밀국수집

막다른 골목에 국수 누르는 둔탁한 소리
쌀뜨물 우려내는 내음새
낡은 지붕을 이고 선 목조 기둥마다 얼룩진 세월
메밀꽃 냄새가 나뭇결 깊이 뱄다
옛적 양반네 행랑채에 아들 딸 둘러앉히고
누룽지 긁어 주던 행랑어멈 두툼한 손이
갓 삶아낸 갈색의 면발 위에 그대로 겹쳐진다
한길 가 유명 식당 겉치레 요란해도
샛길까지 길게 늘어선 군상들
입 안 가득 군침이 돈다
메밀국수 한 그릇에 훽 달아나는
더위, 무더위

십일월에

바람 일면
고운 단장 마무리 못한 채
창가에 떨어진 나뭇잎
또다시 보도 위에 나뒹굴고
이리저리 몰려다니며 회한에 찬 눈짓들
무성했던 여름날
영광의 시간에 머물고 싶다

한 장 남은 달력 속으로
서둘러 달려온 동장군
창문 두드리는 소리,
그보다 더 큰 울림은
아직도 생생한 그대들의 합창

잊혀지지 않은 건
누구에게나 큰 기쁨
새 생명 움틀 날 기다림도
한 줄기 소망
낙회인들 노래 못하랴
앙상한 가지끼리 몸 비비는
춤사위는 어떠랴

젊은 엄마들이여

아침마다 꽃밭에 물 주듯
사랑의 꽃물 아이에게 주는 당신

남보다 더 뛰어나야 할 텐데
잘 자라 줘야 할 텐데
염려하며 가슴 조리는 그대
이 땅의 모든 엄마들이여

겉으로 무얼 채워 주려 말아요
보이는 건 잠시
한 뼘씩 키가 크고 몸 자라는 아이
시간의 수레바퀴는
하루가 다르게 세상을 바꾸는데
어떻게 그 변화를 좇아갈 수 있으리오

이 땅의 젊은 엄마여
당신은 가치 있는 것을 소중히 여기는 사람
지혜로운 사람입니다

부디 아이 가슴을 채워 주오
해맑은 미소로 고운 말을 하고
정성스레 꽃나무 가꾸는 아이

강아지 꼬리 잡으며 정답게 놀아 주는
그런 아이로 자라도록

싱그러운 꽃들 피고 지고
깔깔거리는 아이 웃음소리
울안 가득 넘치면
평안의 강물에 잠기는 당신
그대 젊은 엄마들이여

어느 조련사의 송가
—돌고래 제돌이를 보내며

바다, 검푸른 바다 네 고향으로 가라
너희끼리 비비대며 헤엄치면서
해초 한 오락 입에 물고 장난치던 그 시절로

시간 맞춰 춤추고 솟아오른
고되었던 몇몇 해 어찌 잊을리야
수많은 군중의 환호 속에서도
때때로 외로웠을 허허로움
누구인들 알았을까

날마다 보듬었던 선명한 살갗
커다란 가슴지느러미에
마지막 입맞춤으로
이제 우리 작별이다

거친 풍랑 일어도 힘차게 헤쳐가라
뭍에서의 기억은 한낱 물거품이었거니
네 자유의 바다에서
다시는 돌아오지 말라

4

열정

이중창

옛날 옛적
어느 봄날 그대를 만났네
연 풀잎이었던 그대

나뭇잎 푸르렀던 시절
가슴 뜨거웠고
소리 맞춰 부르던 사랑노래
이 산 저 산 메아리쳤다
서로 다른 곳을 바라볼 때도 있었지만
돌아와 마주선 오늘
낯익은 몸짓이여

반백 머리카락 바람에 날린다
흩어지는 낙엽 사이로
우리만의 노래를 띄워 보내자
오랜 세월 흘렀어도
아직도 서툰 이중창
멋지게 어우러질 그 날은
언제쯤일까

사월이 슬퍼라

간밤 추적이던 봄비에
목련, 그 하얀 꽃잎
흙바닥에 뒹구네

애써 삭히던 여심은
꽃가지에 얼룩지고
타는 그리움
꽃등불 꺼진 가슴에
재로 남았네

생명 불꽃 피우던
순백의 자태 어디 두고
훌훌히 떠나야 하는 그대
슬픈 뒷모습

부탁

먼 길 떠나 왔다고 어찌 자넬 잊겠나
가슴 밑바닥 저 밑에서 저려오는 것
말로는 다할 수 없다네
끝도 뵈지 않는 긴 터널에서
어두움에 갇혔던 젊음도
그 고통의 시간도
담담히 견디고
이제 무성한 느티나무로 우뚝 선
자랑스러움이여
여느 사위와 달라 살갑지 않다고
탓하던 어리석음이 정녕 부끄럽구먼
학문에의 열정으로
나라 아끼는 몸부림으로
자넨 숨 가쁘게 질주하는데
우린 자네에게 더는 할 말 없다네
그래도 간절한 바람 하나
그 애를 변함없이 사랑해 주게

어머니의 수의(壽衣)

—어느 시인의 성묘 일기에서

산모퉁이로 노을 붉게 물드는데
저 멀리 어른거리는 옥양목 한 자락
길게 내려진 어머니 치마폭일까
이승 떠나신 지 이미 몇몇 해
아직도 간절한 몸짓일까

영산홍 진달래기 앞 다투어
못다 한 그리움 토하고
묘지를 스치는 마파람, 가슴을 친다
들판에 내려와 오던 길 뒤돌아보면
산허리 적시는 가느다란 폭포

흐느적거리는 낡은 수의에
시린 세월이 작은 물방울로 튄다

짱아

망사 날개 휘저으며
하늘 높이 비상하던 날
넌 눈부시게 빛났다
혹 멋들어진 맴돌기에 지쳐
능소화 꽃부리 위 휴식도
도약 위한 몸짓이거니
그 의연함 경이로웠다

이제
서리 내린 겨울 들판에
고목 둥치만 덩그런데
어디서 곤두박질쳤는가
종횡무진하던 열정
마른 잎 깊숙이 파묻혔다

칼바람 눈보라에 삭여 보는
네 이름
퀭한 눈망울로라도 돌아오렴
짱아, 짱아

배냇저고리

여리던 씨앗 열매 맺은
축제의 날에
첫 숨을 담았어라

세상 향한 걸음마 두려움 밀어내고
생명의 울타리 친다
보듬어 줄 품 튼실한
방주로 어서 오렴

한 땀 두 땀 수놓은 저고리 섶에
오래도록 머물 네 숨결
천상의 향취여

폭우

초원에 내리쬐는 햇살
눈부시던 날
갑작스레 몰려온
먹구름 떼

굉음을 업고 온 천둥은
검은 깃발 풀럭거리며
온 들판을 쑤셨지

분노한 강물은
보듬었던 두 손의 깍지 풀고
앙가슴으로 막으려 했던
처절한 몸부림에
하얀 나비, 날개 꺾였네
누가 잔인한 이 시간을 멈추어 줄까

연습도 없이 찾아온 이별
하 서러워
밤낮 없이 쥐어뜯는 가슴에
비수 꽂고 달아나는 너
성난 빗줄기

구곡폭포에서

갓 삶은 찰옥수수가 기차에서 내린 손님을 유혹하는
강촌역
오래된 양은 가마솥이 뱉는 구수한 냄새가
광장에 가득 찼다

산마루에 자리한 폭포는 이 가뭄에도 물보라 일으키며
쏟아지고 있을까
무릎은 시큰거려도 풍선된 가슴
산등성이 타고 들려오는 연인들 소곤거림
골짜기마다 번져오는데
'후드득 후드득'
잣나무 꼭대기에선 더위 쫓는 산새들의 날갯짓

드디어 아홉 굽이 돌아서자 눈앞을 막아서는 폭포,
아, 그 초라함이여
절벽 타고 내리는 가녀린 두 개의 물줄기에서
어머니의 눈물을 보았다
임종하실 때 야윈 뺨 적시며 흐르던 그 눈물을

* 구곡폭포 : 강원도 강촌에 위치한 폭포

소년 피아니스트

낡은 건반 위에
풍랑이 인다

그는 아직 세상을 모르는데
두드리는 저 소리에
굽이굽이 세월의 강 흐르고
물결 따라 소년도 저만치 간다

먹구름 몰려온다
천둥 치고 번개 일어
하늘 땅 뒤흔든다
파도에 요동치는 배 안에서
힘겹게 싸움하는 소년

베토벤의 비바람
언제 잠 재우려나

가슴 시린 날

보라 꽃잎 주렁주렁 수백 개의 꽃등이 불을 켰다
해마다 이맘때쯤 찾아오는 시름
등나무 밑 벤치에 한 꺼풀, 또 한 꺼풀 풀어 헤친다
저만치에서 등꽃 향기에 취한 젊은이들
흥겨운 노래, 거리에 가득 차고
가는 세월 잡지 못한 이들도 오월은 눈부신데
전선 타고 들려오는 녀석 목소리,
오랜만에 들어보는 아득한 그 소리에 목메이는 어미,
덩굴 비집고 들어온 햇살에 가슴 시리다

관계

너의 눈물은 내 눈물
기쁨도 내 기쁨인데

내 가슴 찢는 소리
못 듣는 너

축복의 꽃다발 시들어
황량한 모래 언덕에 흩뿌리는

사랑하는 우리
미워하는 우리

열병

푸르른 가로수 따라
젊은이들 활보하는 거리에서
홀로 오열한다

탯줄 가른 그 아픔, 아직 생생한데
여린 생명줄 놓쳐 버렸다
오묘한 선율 들려오는
구름 저편을 향해
애타게 퍼덕이는 날갯짓

봄날 가고
여름 오고
강물 따라 얼마나 세월 흘러야
들끓던 이 열병 잦아들까
변함없이 빛나는 태양 아래서
오늘 통곡한다

생인손을 앓다

목요일엔 과거로 가는 기차를 탄다

—타임머신
협궤열차 안에는 승객이 별로 없다
흔들거리는 손잡이를 보면서 깔깔거리는
녀석 웃음 소리, 기저귀 가방을 어깨에 걸친 채
젊은 할머니는 손자 귀여움에 넋이 나갔다

아이가 소년이 되었다
젊었던 할머니도 조금 늙었다
아이가 청년이 되었을 땐
할머니는 정말 노인이 되었다
장성한 손자는 할 일 많아
할머니 곁에 오래 머물지 않았다
제 어미에게서도 멀리 떠났다

목요일, 추억여행을 다녀올 때마다
생인손 앓는 할머니
지독한 종기, 언제쯤 터질까

고백

다 주지 못해 남은 것
어쩔거나
괜스레 뜸들이다
해 넘어갔네
마을 어귀 노송 둥치
이스름 그림자
달빛에 묶이 놓고
그대인 양
가슴을 토하네
찬 밤을 새우네

한 사람

밤하늘 수놓은 별 중에서
내 별은 꼭 하나입니다

이 땅 수십 억 사람 가운데
내 사람도 단 하나입니다

베데스다 연못에서 그 분이 구해 주신
한 사람, 가장 존귀한 이

거친 파도 함께 노 저어 갈
그 사람이 바로 당신입니다

5
소망

숨바꼭질

몇 바퀴나 맴돌았다
어둠 속 출렁거리는 바다 건너
온갖 형상들이 춤추는
불야성을 가로질러
어디에도 없는 너를
찾아 헤맸다

ㅡ냄새도, 빛도 감추고
숨어 버린 그림자
머리카락이나 보였으면

바람결에 날리는 옷 한 자락 잡아
늙은 소나무 등거죽에
칭칭 동여 놓을까
소리 나는 방울을 달아야지
잠든 사이
살금살금 도망칠라

빈 항아리의 소망

한 줄기 소나기 끝에
잿빛 하늘이 몸 안에 담겼다

독지기 손길로 거칠게 빚어지고
불가마 속 고열에 신음하면서도
스스로 살아 숨 쉬는 것
그것만이 위안이었는데

바람아
우주 동쪽에서 서쪽을 훑어
또 남북을 휘몰아
가장 투명한 것들만 몰고 오라
그 맑음으로 빈 가슴 채워다오
고운 숨결 지니게 해 다오
그 때까지는
나 이대로 비어 있으리

경칩

마른 가지
뾰얀 안개비에 온몸 적시면
물 오른 동산에 움돋는 소리

-길고 길었던 어둠 속 시간일랑
털어 버리자

개구리 꿈틀꿈틀 기지개 펴며
새 도약 다짐할 때
어디선가
몰려오는 훈향(薰香)
대지에 가득 찬다

어시장에서 충전하다

포구에 어둠이 밀려간다
비좁은 고무 물통에서 가을 전어가 유희한다
그는 남은 삶을 예측 못한다
눈부신 은빛 비늘 옷에 활기찬 꼬리 놀림,
몸 안 깊이 배인 그 향기로움 언제까지일까
떼 지어 춤추며 다가올 운명을 기다리는
전어 떼, 두려움은 없다
살아 있는 순간까지 요동친다
마지막 죽을 힘 다한다

어시장 천막지붕을 비집고 아침 햇살이 내린다
상처진 나무마다 새순 돋고 가지 뻗으면
더욱 무성해지는 진리를 아는 사람
삶과 죽음이 나뉘는 그 곳에서 삶을 충전하는
사람들, 그들이 모여든다

작별

가렴아 훨훨
빗줄기 헤치며
번득이는 태풍을 뚫고
너, 자유롭게 날아가렴아

천상의 음악가로 뽑혀서
검은 야회복 우아하게 차려 입고
천사들이 흠모하던 그 오묘한 음률
쇼팡을 들려주어라
바흐를 만나게 하라
신비로운 너의 연주,
신명지게 두드리는 네 건반 소리에
이생의 인연들 하늘 우러러
그리움에 흐느껴도
뒤돌아보지 말고 빛을 타고 가렴아

우리, 황망한 이 작별 가슴 에어도
지나간 짧은 만남, 은하수에 갈앉히고
고통 없고 슬픔 없는 곳
빛나고 높은 그 나라에
네 푸른 꿈 열매 맺으렴

머지않아 우리 다시 만나는 날
그날의 뜨거운 포옹 그려보며
움켜쥔 네 옷깃 놓아 주련다
아아, 이제 저만큼 멀어지는 사랑아
내 사랑아

상속자

오랜 시간 기다렸습니다
귀하고 빛나는 것
세상에 무엇과도 견줄 수 없는 것
주겠다는 그분의 약속을

남겨 주신 상자 앞에서
무릎 꿇습니다
가슴이 두근거립니다
하나씩 둘씩
정성스레 포장한 작은 꾸러미들이
양팔에 안깁니다
번쩍이는 섬광에 눈이 부십니다

엄청난 보물입니다
평생 써도 남을 만한 선물
그러나 한 팔에 숨겨 있던
고난이란 것도
귀중한 나의 몫입니다

―너는 내 유일한 상속자
　고난도 함께 네 것이니라

매화꽃 필 때

지난겨울
눈바람에 가녀린 가지 꺾이고
그루터기 덩그러니 남았던가
발가벗고 찢긴 채
꽃샘추위 버티고는
연분홍 솜털 꽃송이
하늘 가득 피우누나
푸른 열매 맺는 날 손꼽으며
골 깊은 시름
샛바람에 날려 보낸다

상자(箱子)쌓기

방문을 연다

마른 포푸리 냄새가 밴 곳
공유했던 시간들 머리 들고
옷자락을 잡는다

아직 떠나간 게 아니라는 걸
심연에서 토해지는 호흡도
그대로 남았음을
창밖 벌거숭이 나무도 안다

겨울 나무는 뿌리 깊숙이
생명을 모으는데
가두어 놓은 흔적들

오랜 상처 부둥켜안으며
또 하나 상자를 쌓아 간다

그냥 두신 이유

절망의 늪에서 당신 숨결을 들었어요
풀무에 휩싸였을 때
우리 마지막에서 당신 손길은 시작하셨지요
생명이 거기에서 움트고
기적을 이루네요

때론 깊은 어둠에 헤메거나
병들어 쇠잔해 가도
그냥 두신 이유
이제야 알겠어요
당신 영광 드러냄임을

모자란 것 채워 주신 참뜻 헤아려
우리 모두 거기서 나아가야죠
성치 못한 사과 먼저 먹은 이
나중에 제일 좋은 것 먹게 되는
이 진리 안다면
오늘 기꺼이 한 알의 밀알로 썩어 가야죠

거꾸로 사는 세상

장미 울타리가 아름다워
낡은 집에 사는 이는
낮은 속삭임만으로
긴 세월을 약속한다

창공이 깊은 바다로 된 날
닻을 올린다
찰랑거리는 은빛 수면 아래로
거북이 기어 다니고
줄 이은 문어들의 행진

가난이 익숙한 사람,
사랑을 버린 사람 모두 태우고
금세 하늘 한 바퀴 도는
신나는 유람이다

그래
세상을 거꾸로 살다보면
답답한 가슴 뚫리겠지
꿈꾸던 것들 한눈에 뵈겠지

축복

애들아
오월이다
나뭇가지마다 파릇파릇
아가 손처럼 예쁜 잎새들
나비춤 추네

엄마손 잡고 등원하던 개나리 꽃길에
분홍빛 철쭉 뾰족이 꽃봉오리 내밀고
부지런한 참새들 노랫소리
아침을 열면
꽃향기 간질이며 다가서는 몸짓

얏호 –
힘껏 소리쳐 봐
하고 싶은 말

하늘 향해 두 팔 벌리고
우리 가슴에 희망 나무를 심자
수렁주렁 담스런 열매를 맺자

애들아, 푸른 오월은
우리들의 세상이야

특선요리

하얀 식탁보가
풀밭 위에서 눈부시다

험한 산에서 캐어 온 산삼이며
보도 듣도 못했던 온갖 약초
살지고 기름진 요리는
누굴 위한 것인지

초대받은 귀한 분
그는 하늘의 사람
참 지혜자요
온전한 사랑의 실천자
그의 입김으로 혼탁한 공기 맑아지며
오염된 강물 살아 숨쉰다

천상의 선율 연주되는 녹색 장원엔
황홀한 만찬 무르익는데
언제쯤 특선요리 맛볼 수 있을까

인형, 꿈을 꾸다

손발에 줄을 달고
다리도 몸통도 자유가 없네
소리 높여 부르는 노래
멋진 춤도 내 것 아닌 걸

투박한 아저씨로
어여쁜 공주로
수선스런 할머니까지
뭐든지 하라는 것 다하네
영혼을 빌려줬네

연극 끝나 텅 빈 무대에서
뛰고 날아 보네
생명이 온통 용솟음치네
관객 없어도 괜찮네
손과 발, 다리 몸통이
뜻대로 움직이고
노래와 춤이 살아 움직이는,
그런 꿈을 꾸었네
꿈이었네

설날에 온 편지

이제 서서히 잊혀 간다한들 어찌 탓하리
이별의 강 건넌지 오래 전인데

내 여든여섯 해
풍랑 한파, 이생의 삶 끝낼 때까지
든든히 지켜 준 너희야
이제 모두들 반듯하게 성장하여 신실한 신앙인으로
징표를 보이며 화목하게 살아가는 너희들, 고맙구나
그리고 우리 큰 딸
백목련 꽃 등불 밝힐 때마다
아직도 그리움으로 밤 지새는 못난 딸아,
이젠 눈물 거두고 이 어미를 가슴 밖으로 내어 보내렴
어미는 너의 시에서 더불어 숨쉬고 노래 부르잖니.

둥근 식탁에 둘러앉아 오늘처럼 나를 추억할 때
어미도 너희들 곁에서 진정한 기쁨을 나누고 있음을
느껴다오
지난 평생, 살뜰히 섬겨주던 너희 사랑 가슴 깊이 간직
하마

얘들아
너희를 한없이 사랑한다

설 쇠는 너희 모습, 그 화목함이
여기까지 꽃향기로 번져오는구나
나는 그 곳에 갈 수 없으나
너희는 이 천국에 올 수 있으니
우리 그때를 기약하며
안녕

다음에

쫓기 듯 달려온 시린 시간들
저만치 망각의 강물에
흘러간다

어렵사리 꽃방석에 앉으려 할 때
누구인가 옷자락을 잡는 손
—아직은 네 차례가 아니야
너는 다음이야

구름 헤집고
얼굴 내민 햇살 한줌에
허기 채우며
또다시 이어가는 긴 기다림

가장 좋은 것은
이렇게 더디 오는 것일까

■ 평설-김하은의 시세계 ■

존재와 생명성 탐색의 시적 구도

김 송 배

(시인 · 한국문인협회 부이사장)

1. 인식과 생명성 탐색의 축(軸)

우리 현대시가 발전하면서 변모(變貌)한 구도를 살펴보면 대체로 시인들이 자신의 삶과 관계된 체험을 중심으로 획득(獲得)한 인본주의(humanism)를 중심으로 한 소재와 주제가 특징적으로 나타나다가 언제부터인가 친자연(親自然)이라는 새로운 의미의 중요성을 강조하는 작품들이 창작되기 시작했다.

이 친자연은 19세기에 일어난 문예사조인 자연주의(naturalism)와는 그 맥을 달리하지만, 우리의 친자연적인 관심은 인간의 절실한 문제인 인본주의와 동류(同類)의 개념으로 상호교감을 통한 작품을 많이 창작하는 경향을 볼 수 있다.

여기 김하은(본명 김윤자) 시인의 두 번째 시집 「평행선을 달리다」에 수록한 시편들은 첫 시집에서 보아온 인본주의 곧 존재의 문제에 사유(思惟)의 중심축을 형성하고 있음에 유의하게 된다.

이 존재의 문제에 포괄된 자아(自我)의 인식(認識) 문제는 김하은 시인이 존재의 의미를 부여하거나 탐색하는 과정에서 시적 또는 인생적인 진실을 탐구하려는 시 정신으로 시의 본령(本領)에 충실한 숙명을 절대적으로 구현하는 심저(心底)를 간과(看過)하지 못하게 한다.

이러한 시적 진실의 발현(發現)은 김하은 시인이 지금까지 영위해 온 삶의 궤적(軌跡)에서 여과(濾過)해낸 자아의 인식을 통해서 다양하게 변화하는 실상(實相)들이 이미지로 변신(變身)하는 시적 구성을 살필 수 있게 하고 있음을 주목하게 된다.

강물 흘러간 그 끝 어디인지
거친 모래알 씻겨 내렸고
아픔도 물결 타고 흘렀는데
뒤돌아볼 무엇이 있어
아스라이 먼 강줄기를
좇는 것인가
바람 불어와
우리 삶에 쌓인 흔적
헤집기 전
망각의 배 띄운다

—〈시간 속에서〉 전문

내 안의 나를 찾고 싶다
누구인가에게 얼마나 많은 손짓을 했는지
셔터를 누른다

수수께끼를 모아 놓은
내 가슴이 찍힌다

—〈폴라로이드〉 중에서

김하은 시인은 이와 같이 '우리 삶에 쌓인 흔적'이라는 시간성을 통해서 '뒤돌아볼 무엇'의 인식 세계를 구축하고 있다. 거기에는 미지(未知)의 강물이 흐르고 '거친 모래알'과 '아픔의 물결'이 '아스라이 먼 강줄기'로 남아 있었으나 아아, 우리는 아쉽게도 '망각의 배'를 띄우지 않으면 안 되는 그의 인식을 이해하게 된다.

이러한 '시간 속에서' 그가 아직도 풀지 못한 문제가 있다. 그것은 '강물 흘러간 그 끝 어디인지'와 '아스라이 먼 강줄기를 / 좇는 것인가'라는 화자(話者)의 의문형 화법(話法)에서 보는 바와 같이 '뒤돌아볼 무엇'에 대한 해답이 그에게서 상존(常存)하고 있음을 알 수 있다.

또한 그는 단정적으로 '내 안의 나를 찾고 싶다'라고 '폴라로이드' 사진 한 장으로 남기고 싶은 그의 기원이 명징(明澄)하게 현현(顯現)되어 있어서 그가 탐색하는 자아에 대한 본질(本質)이 나타나기 시작한다.

시적 화자 '내'가 '누구인가에게 얼마나 많은 손짓을 했는지' 미확인의 문제에까지 인식하려는 그의 집념은 끝까지 추적해서 확인하고 있다.

그의 인식은 생명성에 관한 모든 해법을 찾기 위해서 긍정과 부정의 반복적인 인식 단정으로 '그래 / 세상을 거꾸로 살다보면 / 답답한 가슴 뚫리겠지 / 꿈꾸던 것들 한눈에 뵈겠지(〈거꾸로 사는 세상〉 중에서)'라거나 '한참 후에야 / 비로소 작은 것 그게 쓰심을 알았습니다 / 그것이

겸손인 것도(〈겸손〉 중에서)'라는 어조(tone)는 우리들에게 이해의 진폭을 확대시키고 있다.

순수는 어디 갔나
정직한 양심 보이질 않아
차가운 거리를 이리저리 헤맨다
문득 빈 가지에 걸린 달 하나
가슴 가득 차 온다
시리도록 투명한 너
녹아 흩어짐 없는 빙경(氷鏡)으로 남아라
깊은 수면 위 고드름으로 맑게 피어라

—〈빙경(氷鏡)〉 중에서

여기에서 김하은 시인의 진실이 분사(噴射)하고 있다. '순수'나 '정직한 양심'을 '차가운 거리를 이리저리 헤'매면서 찾고 있다. 이러한 고뇌는 '빈 가지에 걸린 달'로 분화(分化)해서 '가슴 가득 차'지만, '시리도록 투명한' '빙경(氷鏡)으로 남'기를 여망(輿望)하고 있다.

그는 다시 '반백 머리카락 바람에 날린다 / 흩어지는 낙엽 사이로 / 우리만의 노래를 띄워 보내자 / 오랜 세월 흘렀어도 / 아직도 서툰 이중창 / 멋지게 어우러질 그 날은 / 언제쯤일까(〈이중창〉 중에서)'와 같이 이제 그의 내면에는 존재와 그 생명성에 관해서 숙성(熟成)된 사유의 일단을 정립하고 있다.

김하은 시인의 인식세계에는 지금도 시간성과 결부(結付)하는 생명성이 존재의 원류로 지향하는 시법(詩法)을 강렬하게 구사하고 있다는 점을 간과(看過)할 수 없을 것이다.

2. '긴 기다림' 뒤에 넘치는 신앙심

김하은 시인은 다시 삶과 존재의 주제를 탐구하는 도중에 중대한 발견을 하게 되는데 그는 그 인식세계가 보편성을 초월하는 현실이 아쉽거나 혹은 고독하게 유인(誘引)한다는 점이다.

그는 대체로 '무심한 봄바람 꽃망울 움틔워도 / 흩날리는 잔설 창문에 부딪혀 / 눈물로 내리네(〈꽃샘〉 중에서)'라거나 '자작나무 숲에 해지면 / 다람쥐가 남긴 도토리 / 저들끼리 뒹굴고 / 나뭇가지 끝에 매달린 구름 한 조각 / 석별이 아쉽다(〈배웅〉 중에서)'라는 어조와 같이 그의 심연(深淵)에 내재(內在)된 정서의 깊이는 아쉬움에 가득 차 있다.

구름 헤집고
얼굴 내민 햇살 한줌에
허기 채우며
또다시 이어가는 긴 기다림

가장 좋은 것은
이렇게 더디 오는 것일까

—〈다음에〉 중에서

먹구름 뒤덮인 대지에
나목(裸木) 홀로 남았다

빛바랜 이정표는
회오리바람에 파묻히고
땅 끝에선 찬 울음 소리
맴돌다 흩어지는데

건너야 할 들판은
아득히 멀다

결승선이 어디일까
숨 가쁜 우리들 경주에
동행하는 바람
겨울, 그 광야에 섰다

—〈광야(廣野)에서〉 전문

여기에서 김하은 시인은 그 아쉬움이 '긴 기다림'으로 전환하고 있는데 이는 그가 실생활(real life)에서 실감(實感)하는 고뇌와 갈등들이 하나의 여과장치를 통해서 결론으로 적시(摘示)한 것이 바로 '광야에서' '홀로 남'아 있는 고독함이다.

이렇게 '긴 기다림'에서 그가 단정하는 것은 마지막 연(聯, stanza)에서 메시지로 분사한 '가장 좋은 것은 / 이렇게 더디 오는 것일까'라는 의문이 심상(尋常)치 않다는 점에 유의하게 한다.

그는 이제 '이정표는' 빛이 바래고 또 '회오리바람에 파묻히'는데 '건너야 할 들판은 / 아득히 멀다'고 토로하고 있다. 이는 그의 의식(意識, consciousness)이 현실적으로 탐구한 진정한 존재의 의미나 삶의 지표가 아직도 완성하지 못한 여백이 남아 있음을 말해 주고 있다.

그가 또다시 '결승선이 어디일까 / 숨 가쁜 우리들 경주에 / 동행하는 바람 / 겨울, 그 광야에 섰다'라고 그의 시적 원류를 적시함으로써 그가 탐색하려는 존재의 진실을 구명(究明)하려는 의욕이 넘치고 있음을 이해할 수 있다.

내 대신 짐 져 주시느라
당신 고난 이렇듯 넘치고
여리고 어리석은 우리 위해
당신 위로 번져오면
그때서야 곁에 계신 당신을 느껴요

우리 수고 모르시면 어쩌나
허기진 아픔 외면하시진 않을까
염려와 근심으로 하루가 지나요

얼마나 더 있어야
강물로 흐르는 그 은혜를 알리오
어둠 속에서 손잡아 이끄시며
오늘도 함께 하시는 이
기쁨이신 이여
눈물이신 이여

—〈넘치도록〉 전문

이제 김하은 시인은 이와 같은 아쉬움이나 기다림 그리고 고독함 등의 불완전한 심리적 요인들을 융합(融合)하여 합일(合一)된 진실의 도출(導出)을 그의 안정된 신심(信心)에서 구현하고 있다.

그가 '당신의 고난'이라는 화자를 통해서 현실적인 고뇌를 와해하는 해법을 탐색하고 있다

그의 첫 시집「초범구이」해설에서도 언급한 바와 같이 김하은 시인은 성실한 기독교인이나. 이러한 현실적 상황들이 시의 모태(母胎)가 되는 것은 당연하다.

그는 열성적인 기도로 진정한 사랑의 실천을 위해서 노력하는 모범을 보이고 있다고 필자가 논평한 것처럼 기독

교 정신으로 승화(昇華)한 그의 시법은 박애주의(博愛主義)의 범주(範疇)에서 이미지를 형상화하는 특성을 이해할 수 있을 것이다.

이렇게 '여리고 어리석은 우리'들은 '당신을 느끼고' '오늘도 함께 하시는 이'의 '은혜'를 찬양하고 있어서 그가 지향하는 진실은 '광야에' 서 있는 우리 모두의 '긴 기다림'이며 기원일 것이다.

그는 작품 〈도우심을 입어〉 중에서 '숨결 붙어 하루가 이토록 생생한 것 / 한 숨 삭여 빛으로 살아가는 것 / 그분의 도우심입니다'라거나 〈그냥 두신 이유〉 중에서도 '절망의 늪에서 당신 숨결을 들었어요 / 풀무에 휩싸였을 때 / 우리 마지막에서 당신 손길은 시작하셨지요 / 생명이 거기에서 움트고 / 기적을 이루네요' 등과 같이 그의 신앙인으로서의 시적 감응(感應)은 결국 '영원으로 통하는 길목(〈도우심을 입어〉 중에서)'을 보기 위한 철저한 신심의 흐름이라고 할 수 있다.

이와 같이 그윽한 신심이 시적 이미지로 형상화한 작품은 〈한 사람〉, 〈상속자〉, 〈특선요리〉 등에서 그의 진정한 정서의 행방을 유로(流路)하고 있어서 그는 신앙인의 진실과 시적 진실을 동시에 추구하려는 시법을 탐구하고 있다.

이러한 신심은 '내 여든여섯 해 / 풍랑 한파, 이생의 삶 끝낼 때까지 / 든든히 지켜 준 너희야 / 이제 모두들 반듯하게 성장하여 신실한 신앙인으로 / 징표를 보이며 화목하게 살아가는 너희들, 고맙구나' 라고 그 가족들과 신심을 동행하고 있다.

한편 가족들과의 교감은 바로 아쉬움과 기다림의 시적 발상의 원천(源泉)일 수도 있겠는데 '가는 세월 잡지 못한 이들도 오월은 눈부신데 / 전선 타고 들려오는 녀석 목소리, / 오랜만에 들어보는 아득한 그 소리에 목메이는 어미, / 덩굴 비집고 들어온 햇살에 가슴 시리다(〈가슴 시린 날〉 중에서)'라는 어조는 바로 김하은 시인이 절실하게 간구(懇求)하는 진실의 일단임을 명징하게 현현하고 있다.

3. 자적(自適) 혹은 비움의 미학

김하은 시인에게서 또 하나 특징으로 나타나는 소재나 주제는 현실의 일탈(逸脫, deviation)과 자적(自適)을 통해서 성찰된 비움의 미학을 실현하려는 지향적인 시적 구도(構圖, planning)를 설정하고 있음을 읽을 수 있을 것이다.

그는 '생명선 놓지 않으려 / 발버둥치다가 다다른 곳 / 끝없는 백사장에 누워 / 구름 저편 먼 하늘을 보네 // 한줄기 빛이 깃발로 펄럭이는 / 아, 제8요일 / 비로소 자유의 들판을 건네(〈제8요일〉 중에서)'와 같이 '구름 저편 먼 하늘을 보'거나 '자유의 들판을 건'고 있어서 그의 일탈과 자적의 성찰은 가속화(加速化)하고 있다.

언덕에 오른다
길게 뻗은 신작로를 화폭삼아
채색을 한다
잊혀진 시간은 되살아나고
가슴 밑바닥에 자리하던 소중한 것들

점점 선명하다

잡초 사이를 스치는 바람
거칠고 둔탁한 작은 돌멩이까지
숨 고르기 여전한데
그때의 경이로움
빛남은 어디 갔을까

해묵은 나무들 하품 소리
질주하는 자동차 소음에
다 못 그린 그림을 접고
어제의 흔적들이 겹쳐 이어진
두 개의 선,
평행선 그 위를 달린다

—〈평행선을 달린다〉 전문

김하은 시인은 이 시집의 표제시(表題詩)가 되는 작품 〈평행선을 달리다〉에서 알 수 있듯이 '잊혀진 시간은 되살아나고 / 가슴 밑바닥에 자리하던 소중한 것들 / 점점 선명하다'라는 회상의 성찰을 인식하게 되고 '그때의 경이로움 / 빛남은 어디 갔을까'라는 그 인식을 재확인하는 경로(經路)를 거쳐서 '어제의 흔적들이 겹쳐 이어진 / 두 개의 선, / 평행선 그 위를 달린다'는 어조로 실재(實在)의 자아를 감응하면서 적절하게 자적하고 있다.

버려야 할 것
선재섬 앞바다에
모두 던졌다

물때만 잘 알았던들
아픈 흠집 그냥 드러낸
갯벌을 보았으랴
물살 빠져 나가면
말갛게 치유될
내 속살

남겨야 할 것
검푸른 파도에 안겨
잠잠히 낙조(落照)에 물든다

— 〈갯벌〉 전문

그러나 그에게서는 자적 속에서 투영하는 정서의 축에는 그가 여망하던 비움의 미학을 형상화하는 다양한 형태의 구도를 읽을 수 있는데 '버려야 할 것'과 '남겨야 할 것'이 대칭구조를 이루면서 전개되는 시법이 '갯벌'이라는 사물에서 이미지로 숙성되고 있다.

이러한 그의 고뇌는 둘째 연에서 그가 '아픈 흠집'과 '치유'가 공유(共有)하는 절묘(絕妙)한 구조에서 우리들은 공감의 영역에 흡인(吸引)되고 그 범주는 확산될 것으로 믿게 한다.

바람아
우주 동쪽에서 서쪽을 훑어
또 남북을 휘몰아
가장 투명한 것들만 몰고 오라
그 맑음으로 빈 가슴 채워다오
고운 숨결 지니게 해 다오

그때까지는
나 이대로 비어 있으리

—〈빈 항아리의 소망〉 중에서

그렇다. 김하은 시인이 소망하는 사유의 중심에는 '빈 항아리의 소망'과 동류의 이미지가 현현되고 있다. 이는 그가 '나 이대로 비어 있으리'라는 결단의 의지가 중요한 주제의 메시지로 '그 맑음으로 빈 가슴 채'울 때까지 '고운 숨결' 지니면서 '비어' 있겠다는 '소망'은 비장한 구도자의 도심(道心)을 방불케 하고 있다.

그는 또 '아무도 몰래 이름 없는 역에 내려 / 버거운 짐들일랑 훌훌 벗어놓고 / 한 숨 쉬어나 갈까(〈간이역〉 중에서)'라는 의문형 어법에서 우리들은 그가 취택(取擇)하는 비움의 의미를 통해서 공(空) 의식이 그의 내면에 침잠(沈潛)해 있음을 짐작하게 한다.

그리고 '흐느적거리는 도시 구석마다 / 미련을 버리지 못한 채 / 발광하는 욕망의 작은 불씨 / 타는 소리, 소리들이 섧다 /승화의 계단을 밟고 구름다리에 올라 / 한줌 남은 재 허공에 뿌리면 / 아, 끝없이 펼쳐지는 순백 세계 / 밤이 익는다(〈구름다리 단상(斷想)〉 중에서)'는 어조에서 '순백의 세계'를 지향하는 그의 가치관에는 '발광하는 욕망'의 '미련을 버리지 못한 채' 번민(煩悶)의 요소들이 그의 심중(心中)을 괴롭히고 있으나 인간 본령(本領)인 '이대로 비어 있'음으로써 그가 구현하려는 비움의 미학은 참신한 새로운 가치관의 정립을 심도(深度)있게 구명(究明)하고 있는 것이다.

4. 친자연 순응(順應)과 서정성

김하은 시인은 첫 시집에서도 자연 서정에 대하여 심취(深趣)한 바 있는데 여기에서도 친자연의 순응을 배제하지 못한다.

자연과 동행하는 우리의 현대시는 단순한 개인적인 서정성에 머물고 있지만, 이러한 서정성이 우리 현대시의 골격(骨格)을 이루어 발전하는 양상은 크게 환영할 만한 시사적(詩史的)인 의미를 갖는다.

이 서정시(抒情詩, lyric)는 원래 일곱 줄 악기 리라에 맞주어 노래하는 시이다. 그러니 요즘 서정시는 노래하는 서정성도 중요시하지만, 시인 개인적인 주관의 정서가 가미(加味)됨으로써 자의식의 비평과 더불어 분석하는 특징으로 바뀌어지고 있음을 알 수 있다.

김하은 시인도 자의식이 조용한 선율을 중시하는 서정으로 안온(安穩)한 정감을 유로하는 특성을 보여주고 있다. 그가 '지난겨울 / 눈바람에 가녀린 가지 꺾이고 / 그루터기 덩그러니 남았던가 / 발가벗고 찢긴 채 / 꽃샘추위 버티고는 / 연분홍 솜털 꽃송이 / 하늘 가득 피우누나 / 푸른 열매 맺는 날 손꼽으며 / 골 깊은 시름 / 샛바람에 날려 보낸다(〈매화꽃 필 때〉 전문)'는 정황이 바로 선율 속에 자신을 투영해서 이미 퇴색(退色)한 옛 서정의 향수를 상기시키고 있다.

오늘 오시려나
길게 뻗은 그녀 목
담장 넘어 걸렸나

소슬바람 한 자락에
삼태기 된 귓바퀴
붉게 타올라
온 하늘 물들여도

홀로 타는 가슴
수천 날이 흘러라

—〈능소화〉 전문

종일토록 울려 퍼지는
천사들 합창

고운 숨 내쉴 때 도미솔
또다시 들이쉴 땐 도파라

믿음 없는 어른들 듣지 못해요
사랑 없는 어른들도 듣지 못해요

장미꽃 봉오리 터지는 소리
젖 향기 물씬한 축복의 동산

—〈놀소리〉 전문

항상 담론으로 즐기는 말이지만, 고 김준오 교수의 「詩論」에서 들려준 감상적 오류(誤謬)라는 자연의 인격화, 거기에는 동화(同化, assimilation)와 투사(投射, project)라는 두 가지 원리가 작용한다고 말하고 있다.

김하은 시인의 자연과 그 인격화에는 이 두 방법이 동원되고 있는데 '능소화'는 외관상(外觀上)으로 충분히 관찰하면서 자신의 주관적인 메시지를 발현하는 시법과 '놀소리'에서는 청각적(聽覺的)인 이미지로 화자 '장미꽃'이 직접 우리들에게 무엇인가를 전해 주는 서로 대칭이 되는 시적 구조를 형성하고 있다.

이러한 시법은 모든 자연을 자신 속으로 끌어와서 그것을 내적 인격화하거나 자연 속에 자신을 상상적으로 투여하는 것으로써 낭만적 자연관의 원리이다. 이를 김하은 시인이 감도(感度) 높게 활용함으로써 서정적인 자아의 확고한 사유의 향방(向方)을 정립하고 있는 것이다.

그는 대체로 시간과 공간 개념으로 어떤 사물을 주시(注視)하면서 서정적 이미지를 투영하고 있는데 '마른 가지 / 뽀얀 안개비에 온몸 적시면 / 물 오른 동산에 움돋는 소리 // ㅡ길고 길었던 어둠 속 시간일랑 / 털어버리자 // 개구리 꿈틀꿈틀 기지개 펴며 / 새 도약 다짐할 때 / 어디선가 / 몰려오는 훈향(薰香) / 대지에 가득 찬다(〈경칩〉 전문)'는 시간성은 '물 오른 동산'의 공간과 적절한 조화(調和)를 이루고 있다.

이 밖에도 작품 〈메주꽃〉, 〈축복〉, 〈고백〉, 〈비〉, 〈황토 십리〉 등에서 그가 간명(簡明)한 언어의 시적 구성과 주제를 서정적으로 발현하고 있어서 우리들 공감이 광범위하게 확산되고 있음을 이해하게 된다.

김하은 시인은 이 시집 「평행선을 달리다」를 통해 그가 소중하게 간직한 내면 정서에서 자아를 인식하고 나아가서 생명성을 탐색하면서 거기에서 파생(派生)된 '기다림'과 신심의 원류, 그리고 자석과 비움으로 작품의 공간을 형성하고 있다. 그에게는 생명처럼 동행하는 신앙의 기저(基底)에서 항상 삶과 인생과 시가 동반하는 잔잔한 서정적 언어로 진실을 창출하고 있다.

일찍이 청록파 박두진 시인이 말했듯이 시는 언제나 우리의 삶을 새로 출발하도록 고무하며 그 삶의 근원으로 되돌아가게 할 것이라고 한 것을 보면 우리들의 실재와 현실의 괴리(乖離)가 곧 시로 승화하고 그것이 사물과 관념의 터널을 지나서 인간의 진실로 정립되는 것이다.

김하은 시인의 두 번째 시집 출간을 진심으로 축하하면서 글을 끝맺는다. 영속적으로 좋은 작품을 창작해서 신앙과 그 삶의 근원을 명민(明敏)한 지적 혜안(慧眼)으로 지향적인 시법이 발현되기를 기원한다.